BEI GRIN MACHT SICH IHR WISSEN BEZAHLT

- Wir veröffentlichen Ihre Hausarbeit, Bachelor- und Masterarbeit

- Ihr eigenes eBook und Buch - weltweit in allen wichtigen Shops

- Verdienen Sie an jedem Verkauf

Jetzt bei www.GRIN.com hochladen und kostenlos publizieren

Johann Ph. Moeller

Open Government Data in Deutschland

GRIN Verlag

Bibliografische Information der Deutschen Nationalbibliothek:

Die Deutsche Bibliothek verzeichnet diese Publikation in der Deutschen Nationalbibliografie; detaillierte bibliografische Daten sind im Internet über http://dnb.d-nb.de/ abrufbar.

Dieses Werk sowie alle darin enthaltenen einzelnen Beiträge und Abbildungen sind urheberrechtlich geschützt. Jede Verwertung, die nicht ausdrücklich vom Urheberrechtsschutz zugelassen ist, bedarf der vorherigen Zustimmung des Verlages. Das gilt insbesondere für Vervielfältigungen, Bearbeitungen, Übersetzungen, Mikroverfilmungen, Auswertungen durch Datenbanken und für die Einspeicherung und Verarbeitung in elektronische Systeme. Alle Rechte, auch die des auszugsweisen Nachdrucks, der fotomechanischen Wiedergabe (einschließlich Mikrokopie) sowie der Auswertung durch Datenbanken oder ähnliche Einrichtungen, vorbehalten.

Impressum:

Copyright © 2013 GRIN Verlag GmbH
Druck und Bindung: Books on Demand GmbH, Norderstedt Germany
ISBN: 978-3-656-41899-3

Dieses Buch bei GRIN:

http://www.grin.com/de/e-book/213443/open-government-data-in-deutschland

GRIN - Your knowledge has value

Der GRIN Verlag publiziert seit 1998 wissenschaftliche Arbeiten von Studenten, Hochschullehrern und anderen Akademikern als eBook und gedrucktes Buch. Die Verlagswebsite www.grin.com ist die ideale Plattform zur Veröffentlichung von Hausarbeiten, Abschlussarbeiten, wissenschaftlichen Aufsätzen, Dissertationen und Fachbüchern.

Besuchen Sie uns im Internet:

http://www.grin.com/

http://www.facebook.com/grincom

http://www.twitter.com/grin_com

Open Government Data in Deutschland

Hochschule Magdeburg-Stendal

Journalistik/Medienmanagement

Wintersemester 2012/2013

Fachsemester 3

Magdeburg, 01.04.2013

Inhalt

- **Einleitung** 3
- **Open Data und Open Government Data** 3
  - Begriffe 3
  - Wann sind Daten offen? 4
  - Was kann Open Government Data leisten? 5
    - Beispiele 6
      - Offener Haushalt 6
      - Maerker Brandenburg 7
      - Partei-Spenden 7
  - Risiken und Nachteile 8
    - Transparenz als Gefahr 8
- **Open Government Data in der deutschen Politik** 8
  - Anfänge 8
  - Aktuelle Situation 9
  - Positionen der Parteien 10
    - CDU/CSU 10
    - SPD 10
    - GRÜNE 11
    - FDP 11
    - DIE LINKE 11
- **GovData** 12
  - Über Govdata 12
  - Kritik an Govdata 12
- **Fazit** 13
- Literaturverzeichnis 15

Einleitung

Eine Suche bei Google Trends nach „Open Government Data" bietet ein bemerkenswertes Bild – nämlich gar keins. Das Suchvolumen war und ist in Deutschland einfach zu gering, als dass der Webservice, der die Häufigkeit von Internet-Suchanfragen misst, das Schlagwort überhaupt erfasst hätte. Besser sieht es da schon bei „Open Government" aus: Hier lässt sich ab September 2010 ein steigender Trend ablesen. Vorher allerdings liegt das Suchvolumen bei null – als hätte es das Thema in der Bundesrepublik einfach nicht gegeben. Open Government Data ist also noch ein sehr junges Thema in Deutschland und doch finden schon einige interessante Entwicklungen und Prozesse rund um dieses Thema statt. Welche das sind, wie sich Open Government Data in Deutschland entwickelt und welche Bestrebungen es gibt, will diese Arbeit erörtern.

Dazu soll zuerst geklärt werden, was Open Government Data ist und in welchem Verhältnis es zu den ähnlichen Schlagworten Open Data und Open Government steht. Weiter soll erläutert werden, was offene Daten ausmacht und was sie von anderen Daten unterscheidet. Auch das Potenzial und die Gefahren, die in der Veröffentlichung dieser Daten stecken, sollen, unter anderem anhand von Beispielen, dargelegt werden. Weiter wird sich diese Arbeit der kurzen Geschichte und dem aktuellen Stand von Open Government Data in der deutschen Politik widmen. Dabei sollen politische Entscheidungen, Diskussionen und Meinungen dargestellt werden, ergänzt durch eine Übersicht der Positionen der einzelnen Parteien im Deutschen Bundestag zum Thema. Ein letzter Absatz soll sich dem neuen Bundes-Daten-Portal Govdata widmen, es erklären und die Kritik daran wiedergeben.

Open Data und Open Government Data

Begriffe

Open Data (engl. „Offene Daten") meint „Datenbestände, die im Interesse der Allgemeinheit ohne jedwede Einschränkung zur freien Nutzung, zur Weiterverbreitung und zur [...] Weiterverwendung frei zugänglich gemacht werden" (BMI, 2012: 511). Ist von Open Data im politischen Kontext die Rede, sind dabei meist Regierungs- und Verwaltungsdaten gemeint. Hier spricht man von auch von Open Government Data, also gemeinfreien Daten des öffentlichen Sektors. Das könnten etwa Wetter- und Verkehrsstatistiken, geografische Karten, die Erhebungen aus einer Volkszählung oder aber auch der Standort aller Mülleimer in Bitterfeld sein - also alle Formen von Daten, die die Regierung oder die Verwaltung im Zuge ihrer Arbeit erstellt. Es handelt sich dabei meist um maschinenlesbare, nicht-textliche Datensätze.

'Open' bezieht sich dabei nicht nur auf die freie Verfügbarkeit der Daten, sondern stellt Open Data auch in eine Reihe mit anderen Open-Bewegungen, etwa Open-Access im wissenschaftlichen Bereich oder Open Source in der Software-Entwicklung. Hierarchisch gesehen ist Open Government Data wiederum ein Teil von Open Government, also der Bestrebung, Regierung und Verwaltung auf verschiedenen Ebenen für die Bevölkerung zu öffnen, meist mit Web 2.0-Technologie.

Wann sind Daten offen?

Es gibt keine allgemeingültige Definition dafür, ab wann Datenbestände als Open Data gelten. In Bezug auf offene Verwaltungsdaten haben sich allerdings, die „zehn Prinzipien offener Regierungsinformationen" der Sunlight Foundation etabliert (vgl. Sunlight Foundation, 2010). Die Sunlight Foundation ist eine amerikanischen Organisation, die sich für Open Government einsetzt. Die zehn Prinzipien sind:

Vollständigkeit: Die Datensätze sollen so vollständig wie möglich sein und gegebenenfalls mit den dazugehörigen Metadaten und Rohdaten veröffentlicht werden. Ausgenommen davon sind gesetzlich geschützte, personenbezogenen Daten.

Primärquellen: Die Datensätze sollen Primärquellen, also nicht schon weiterverarbeitet sein. Gegebenenfalls sollen Quelldokumente mit veröffentlicht werden. Weiter muss klar sein, wie die Daten erhoben wurden.

Zeitliche Nähe: Die Daten sollen so schnell wie möglich veröffentlicht werden.

Leichter Zugang: Es soll möglichst einfach sein, an die Daten zu gelangen. Hürden wären etwa, dass in einem bestimmten Amtsgebäude ein bestimmtes Formular ausgefüllt werden muss oder dass online bereitgestellte Daten nur mit einem bestimmten Browser abrufbar sind. Auch wie aufwendig oder leicht es ist, einen bestimmten Datensatz in einem Register zu finden, ist hier ein Aspekt.

Maschinenlesbarkeit: Datensätze sollen in etablierten Dateiformaten bereitgestellt werden, die von Computern ohne weitere Anpassungen verarbeitet werden können. Dazu braucht es oft eine offene Schnittstelle (API).

Diskriminierungsfreiheit: Auch hier geht es darum, mögliche Hürden abzubauen, etwa wenn Daten nur solchen Menschen angeboten werden, die sich vorher bei einer Internet-Plattform angemeldet haben oder ein bestimmtes Betriebssystem benutzen. Ziel soll es sein, dass jeder, ohne sich identifizieren oder rechtfertigen zu müssen, Zugriff hat.

Offene Standards: Offene Daten sollen in offenen Dateiformaten angeboten werden. Proprietäre Dateiformate schränken den Nutzerkreis ein, da für sie meistens Lizenzgebühren gezahlt werden müssen.

Lizenzierung: Werden Daten unter einer Lizenz, die die weitere Nutzung einschränkt, veröffentlicht, wird es schwieriger mit diesen Daten zu arbeiten. So eine Nutzungsbeschränkung könnte etwa sein, dass die Daten nur mit Nennung des Autors benutzt, oder nur unverändert weiterverbreitet werden dürfen.

Dauerhaftigkeit: Daten sollen möglichst lange vorgehalten werden. Aktualisierungen sollen kenntlich gemacht werden. Datenströme sollen archiviert werden.

Nutzungskosten: Der Zugriff sollte kostenfrei sein. Die Idee ist, dass durch das kostenlose Angebot an Daten wiederum Wirtschaftswachstum entsteht und die Steuereinnahmen steigen.

Was kann Open Government Data leisten?

In einer Wissensgesellschaft sind Informationen die wichtigste Ressource. Sie sind Rohstoff, Ware und Antriebsmittel zugleich (vgl. Barnickel/Klessmann, 2012: 127). Öffnet sich ein Staat und gibt diese Ressourcen in Form von Verwaltungsdaten frei, kann er damit zahlreiche positive Entwicklungen erreichen. So kann Open Government Data etwa Bürgern eine Informationsbasis für Entscheidungen geben, seien es wirtschaftliche, politische oder private. Auch die bürgerliche Beteiligung an politischen Prozessen und Entscheidungen kann so begünstigt und vereinfacht werden (vgl. Lucke/Geiger, 2010: 14). Weiter können die Verwaltungen besser kontrolliert werden - Verschwendungen, Missbrauch und Betrug wird vorgebeugt. Darüber hinaus kann die Veröffentlichung von Verwaltungsdaten auch die Wirtschaft beflügeln. Die EU-Kommission etwa erwartet einen Wachstumsschub um 40 Milliarden Euro jährlich, wenn ihre Strategie für offene Daten in Europa umgesetzt würde (vgl. Europäische Kommission, 2011). Unternehmen können ihre Konzepte anhand der neuen Informationen verfeinern oder umstellen (vgl. Barnickel/Klessmann, 2012: 135). Zum Beispiel hätte ein Immobilien-Investor sicher Interesse an Daten zur sozialen Infrastruktur oder eine Firma für Navigationsgeräte an aktuellen Geo-Daten. Für andere Daten könnten sich weitere Formen der Nutzung ergeben und hieraus neue Unternehmensformen entwickeln.

Dies sollen nur einige Beispiele für das Potenzial von Open Government Data sein. Fast ausnahmslos gemein ist ihnen, dass sich ihr Nutzen nicht in Zahlen fassen lässt. Transparenz, Partizipation und Demokratisierung lassen sich kaum messen - und doch können sie einen erfolgreicheren Staat ausmachen. Die Weltbank hat in einer Studie einige Indikatoren für gute Regierungsführung und ihre Auswirkungen untersucht, darunter auch Verwaltungstransparenz, Partizipation und Korruptionskontrolle. Alles Indikatoren, denen Open Government Data Vorschub leistet. Eine gute Bewertung bei diesen Indikatoren wird in einen direkten Zusammenhang mit wirtschaftlicher Entwicklung und Stabilität gebracht (vgl. The World Bank, 2005).

Beispiele

Offene Daten alleine bergen zwar großes Potenzial, aber noch kaum unmittelbaren Nutzen. Erst wenn sie weiterverarbeitet, gegebenenfalls auch mit anderen Daten kombiniert oder verschränkt (s.g. „Mashups") werden, zeigt sich ihr Wert. Wie das gehen kann, sollen hier drei Beispiele für Open Government Data zeigen.

Offener Haushalt

Abbildung 1: Screenshot von bund.offenerhaushalt.de (15.03.2013)

Die Webseite offenerhaushalt.de ist eine Informations-Plattform der Open Knowledge Foundation Deutschland und seit 2011 aktiv. Sie stellt auf Grundlage der Daten des Bundesfinanzministeriums die jährlichen Ausgaben Deutschlands übersichtlich und im Verhältnis zueinander dar. Ziel ist es, „Regierungshandeln transparenter und nachvollziehbarer zu machen" (OKF DE, o.J.). Sie soll also Bürgern dabei helfen, das wirtschaftliche Handeln ihrer Regierung zu überschauen und zu bewerten. Bemerkenswert ist, dass die Plattform dabei auf nur halb-offene Daten zurückgreift, denn die Zahlen des Bundeshaushalts werden zwar online veröffentlicht, aber nicht in einem offenen und maschinenlesbaren Datenformat. Das Bundesministerium der Finanzen bietet seit Kurzem ein ähnliches Angebot auf bundeshaushalt-info.de an. Neu ist hier, dass auch die Einnahmen visualisiert werden.

Maerker Brandenburg

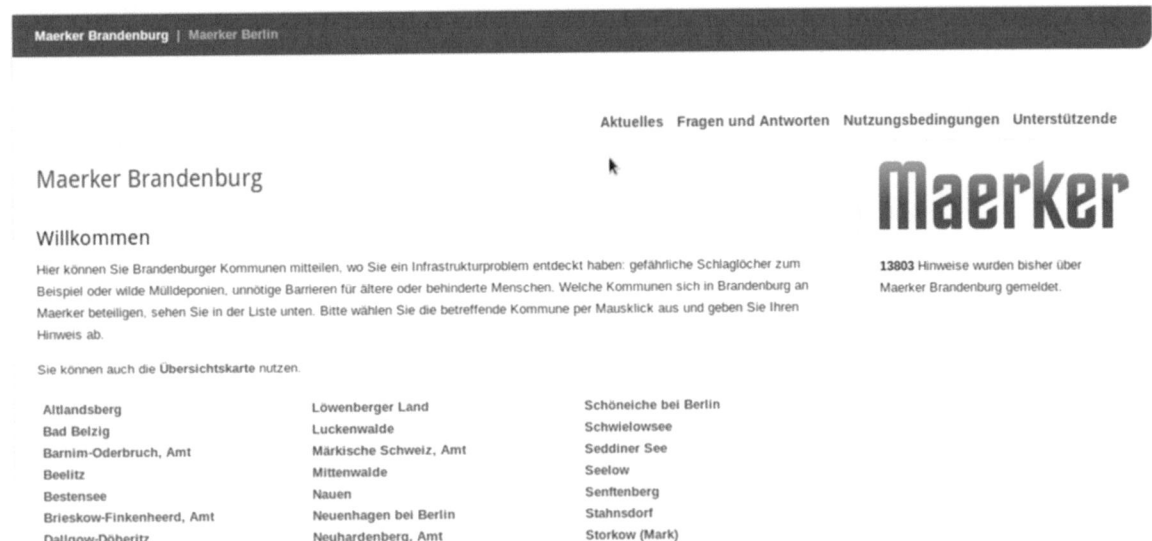

Abbildung 2: Screenshot von maerker.brandenburg.de (15.03.2013)

Der Maerker Brandenburg ist eine Internet-Plattform für die Zusammenarbeit von Verwaltung und Bürgern. Die Idee ist, dass Bürger auf der Webseite infrastrukturelle Probleme in ihrem Ort melden können (ggf. auch mit Foto), etwa herrenlosen Müll in den Straßen, defekte Ampeln, frei laufende Tiere oder Schlaglöcher. Die Verwaltung wiederum kann den Hinweisen nachgehen und informiert über den aktuellen Bearbeitungsstand mithilfe eines Ampel-Systems (Rot: Eingegangen; Gelb: In Arbeit; Grün: Erledigt). Interessant ist, dass beim Maerker Brandenburg die Daten nicht einfach von einer Stelle angeboten, sondern von beiden Seiten (Bürger und Verwaltung) erstellt, bearbeitet und genutzt werden.

Partei-Spenden

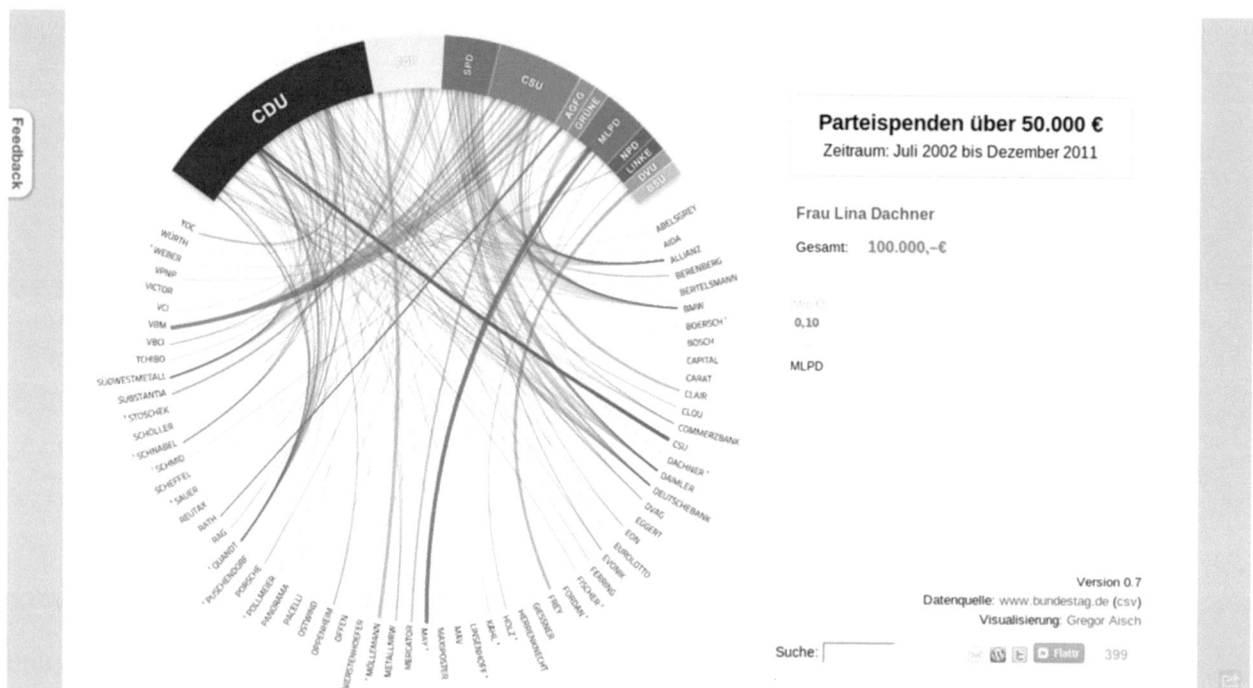

Abbildung 3: Screenshot von http://labs.vis4.net/parteispenden/ (15.03.2013)

Gregor Aisch hat diese interaktive Grafik zur Verbindung von Parteien und Groß-Spendern erstellt. Die Daten dafür kommen von bundestag.de, wo alle Parteispenden über 50.000 Euro seit Juli 2002 veröffentlicht werden. Die Grafik bietet einen schnellen Überblick darüber, welche Parteien die meisten Spenden empfangen, welche Unternehmen am meisten spenden und wen sie dabei mit welchen Beträgen bedenken.

Risiken und Nachteile

Open Government Data birgt auch Risiken und Nachteile. Zuerst wäre da die hohe Fachlichkeit von Verwaltungsdaten, die es Nicht-Fachmenschen, also den allermeisten Bürgern, schwer macht, diese Daten überhaupt zu verstehen. Fehlinterpretationen können folgen. Überhaupt ist der Kontrollverlust und vor allem der Verlust der Deutungshoheit über die Daten für Verwaltungen problematisch. Sie befürchten, dass Fehlinterpretationen und falsche Rückschlüsse Dritter sich negativ auf sie niederschlagen könnten (vgl. BMI, 2012 : 66). Auch besteht immer die Gefahr, dass aus eigentlich anonymisierten Daten wieder ein Personenbezug hergestellt werden kann, wenn sie mit anderen Daten kombiniert werden oder erst gar nicht ordentlich anonymisiert wurden.

Transparenz als Gefahr

So schafft auch die durch Open Government Data entstehende Transparenz in der Politik und Verwaltung nicht nur Vorteile für Politiker und Regierungsmitarbeiter. Auch wenn es keine Studien oder Untersuchungen zu den Gefahren von Transparenz gibt, finden sich doch einige Argumente gegen eine allzu offene Regierung. So besteht etwa die Befürchtung, dass durch totale Transparenz politisch heikle oder unpopuläre Diskussionen einfach in Hinterzimmer verlegt werden – öffentlich würden dann nur die Ergebnisse präsentiert. So würde der politische Entscheidungsprozess nicht nachvollziehbarer, sondern intransparenter. Weiter besteht auch die Gefahr, dass Politiker, die sich völlig durchleuchtet fühlen, weniger an ihrem Gewissen und mehr an ihrer Reputation orientieren. Das könnte Kompromisse, die ja meistens bei den Anhängern aller beteiligen politischen Seiten unpopulär sind, schwieriger machen. Auch das Abstimmungsverhalten könnte so beeinflusst werden.

Open Government Data in der deutschen Politik

Anfänge

Open Government Data ist in Deutschland noch ein sehr junges Thema. So findet sich etwa im Koalitionsvertrag der Union/SPD-Regierung von 2005 im Kapitel „Moderner Staat – effiziente Verwaltung" noch kein Wort zu offenen Daten, transparenter Verwaltung oder Ähnlichem (vgl. Koalitionsvertrag, 2005: 93). Erst im Regierungsprogramm „Vernetzte und transparente Verwaltung" der Union/FDP-Koalition, das im September 2010 erscheint, taucht Open Government Data namentlich auf (vgl. BMI, 2010: 57). Auch in der deutschsprachigen Wikipedia wird der Artikel „Open Government Data" erst im Dezember 2010 angelegt. Erste zivilgesellschaftliche Vereine gründen sich 2009 (Open Data Network e.V., Government 2.0 Netzwerk Deutschland), bzw. 2011 (Open Knowledge Foundation Deutschland) und später.

Aktuelle Situation

Obwohl es von verschiedenen Seiten Bemühungen gibt, eine Open Government Kultur in Deutschland zu etablieren, sind die Entwicklungen noch nicht weit fortgeschritten und bereits eingeführte Open Government Projekte haben mit vielen Kinderkrankheiten und Meinungsverschiedenheiten der beteiligten Akteure zu kämpfen. Schon die aktuelle Gesetzgebung kennt „keine kohärente einheitliche rechtliche Erfassung" (BMI, 2012: 92) von Open Government in Deutschland. So besteht zwar vonseiten der Bürger seit dem Beschluss des Informationsfreiheitsgesetzes 2005 ein Recht auf die Herausgabe von amtlichen Daten, aber eine der wichtigsten Forderungen der Open Government Data Bewegung, nämlich die Verpflichtung der Verwaltungen, ihre Daten proaktiv zu veröffentlichen, ist damit nicht gedeckt (vgl. BMI, 2012: 104). Ausnahmen hiervon bilden die Länder Bremen, in dem die Verwaltung verpflichtet ist, ihre Daten über ein zentrales elektronisches Register zu veröffentlichen, „um das Auffinden von Informationen zu erleichtern" (Bremen, 2013: §11, 5) und Hamburg, wo im Oktober 2012 ein Transparenzgesetz in Kraft trat. Es verpflichtet die Behörden zur Bereitstellung ihrer Daten über ein öffentliches Register und regelt schärfer als jedes andere deutsche Gesetz, welche Daten die öffentlichen Stellen davon ausnehmen dürfen (vgl. Senat Hamburg, 2012: 271).

Diese länderspezifischen Einzel-Gesetze zeigen auch eines der Hauptprobleme bei der Einführung eines deutschlandweiten Open Government Data Angebots: Die föderale Struktur führt zu Kompetenzgerangel bei Daten-, Zugangs- und Lizenzfragen und verzögert die Umsetzung eines einheitlichen Ansatzes im Bund (vgl. BMI, 2012: 349). Auf Länderebene indes wurden schon einige Open Government Data Portale gestartet. Im September 2011 ging das Berliner Open Data Portal (daten.berlin.de) online, später folgen weitere Portale, etwa für Baden-Württemberg (opendata.service-bw.de) im März 2012 oder Hamburg (daten.hamburg.de) im Februar 2013. Auch im Februar 2013 wurde Govdata, ein gemeinschaftliches Portal für die Daten von Bund, Ländern und Kommunen online gestellt und befindet sich nun in einer einjähren Testphase. Verantwortlich ist dafür das Bundesinnenministerium, dass zurzeit von CSU-Politiker Hans-Peter Friedrich geleitet wird. Govdata umschifft die gesetzliche Ungleichheit zwischen Bund und Ländern, indem es den Verwaltungen freistellt, sich mit ihren Daten zu beteiligen.

Positionen der Parteien

Im Folgenden sollen die Positionen aller im aktuellen Bundestag vertretenen Parteien aufgeführt werden. Da bei einem jungen Thema wie Open Government Data die Meinungen auch innerparteilich häufig noch auseinandergehen und es meist noch wenige offizielle, parteiweite Standpunkte zum Thema gibt, soll dabei vor allem an Aussagen aus Parteiprogrammen, Verträgen, Positionspapieren oder bereits geschehenen politischen Initiativen gemessen werden.

CDU/CSU

Im letzten Parteitagsbeschluss der CDU „Starkes Deutschland. Chancen für Alle!" vom Dezember 2012 findet sich kein Absatz zu Open Government Data. Zwar ist von „Möglichkeiten für eine bürgerfreundliche Modernisierung der Verwaltung mit internetgestützten tren" (CDU Deutschland, 2012: 30) die Rede, ein klares Bekenntnis zu einer Open Government Data Strategie gibt es aber nicht. In dem Regierungsprogramm der CDU/CSU/FDP-Koalition vom August 2010 allerdings findet sich das Thema wieder. Im Rahmen des Projektes „Open Government" wird gefordert, es soll „dort, wo es rechtlich möglich und zweckmäßig ist [...] ein freier Zugang zu Informationen der Verwaltung geschaffen werden" (BMI, 2010: 57). Als Ziel wird genannt: „Wir wollen bis 2013 eine gemeinsame Strategie für ein offenes Regierungshandeln erarbeiten und umsetzen" (ebenda). Bemerkenswert ist, dass die Unions-Fraktion noch im Juni 2005 erfolglos gegen die Einführung des Informationsfreiheitsgesetzes auf Bundesebene gestimmt hat (vgl. Lammert, 2005: 16959). Das Informationsfreiheitsgesetz soll allen Bürgern einen voraussetzungslosen Anspruch auf Zugang zu Informationen von Bundesbehörden geben. Alle vier Bundesländer, in denen es noch kein Informationsfreiheitsgesetz gibt, also Hessen, Niedersachsen, Sachsen und Bayern wurden in den letzten Jahren von der CDU regiert.

SPD

Die SPD sieht sich selbst als „Teil der Open-Data-Bewegung" (SPD Deutschland, 2011). In einem Leitantrag vom Dezember 2011 fordert sie „mehr Offenheit und Transparenz von öffentlichen Daten", „offene Haushalte" und „digitale Bürgerforen". Offene Daten sieht sie als „Kulturwandel in der Verwaltung" (ebenda). Befürchtungen vor zu großer Transparenz will sie mit Fortbildungsmaßnahmen und dem Einsatz von IT-Strategen entgegenwirken. Die beiden Länder mit den progressivsten Open Government Data Gesetzen, Hamburg und Bremen, waren zum Zeitpunkt des Beschlusses der Gesetze SPD-regiert. Die SPD hat 2005 zusammen mit den Grünen den Gesetzesentwurf zum Bundes-Informationsfreiheitsgesetz eingebracht und durchgesetzt (vgl. Lammert, 2005: 16959).

GRÜNE

Die Grünen, die schon 2005 bei der Einführung des Informationsfreiheitsgesetzes mitverantwortlich waren, fordern „mehr Rechte auf Zugang zu Informationen der öffentlichen tung" (Die Grünen, 2012: 6). Ihre Forderungen decken sich zumeist mit den Forderungen zivilgesellschaftlicher Interessensvereine zu Open Government Data: Umsetzung von Open Government im Bund, ein Erlass von Open Government Data Gesetzen in allen Bundesländern, Verwaltungen sollen nur noch in begründeten Einzelfällen Informationen verweigern dürfen, ein Grundrecht auf Zugang zu Daten öffentlicher Stellen im Grundgesetz und proaktive Veröffentlichung dieser Daten durch die Verwaltungen (vgl. Die Grünen, 2012: 5-7). Im einzigen grün-regierten Bundesland, Baden-Württemberg, wird seit März 2013 ein Open Government Data Portal angeboten.

FDP

Die FDP greift das Thema Open Government Data nur sehr zögerlich auf und vertritt keine einheitliche oder ausformulierte Position dazu. Im „Bürgerprogramm 2013", dem Entwurf zum Bundestagswahlprogramm fordert die Partei nur ganz allgemein, „dass zukünftig mehr Informationen im Netz zugänglich gemacht werden" und will „e-Partizipation sowie e-Government in Deutschland voranbringen" (FDP, 2013: 47). Bei der Abstimmung um das Informationsfreiheitsgetzes im Bundestag 2005 enthielt sich die FDP-Fraktion ihrer Stimmen (vgl. Lammert, 2005: 16959).

DIE LINKE

Obwohl sich die Die Linke in ihrem aktuellen Bundes-Parteiprogramm vom Oktober 2011 für Netzneutralität und ein freies Internet ausspricht, äußert sie sich nur sehr zurückhaltet direkt zum Thema Open Government Data. So heißt es dort, „DIE LINKE öffnet sich für das demokratische Potenzial des Netzes, um gesellschaftliche Teilhabe durch Open Government und E-Demokratie [...] auszubauen" und „Wir setzen uns ein für ein verstärktes Angebot und die Nutzung von Open Data" (Die Linke, 2012: 48). In einer Kleinen Anfrage im Februar 2013 unter dem Titel „Keine offenen Daten im neuen Portal govdata.de des Bundes" haben Abgeordnete der Partei Die Linke einige kritische Fragen im Sinne der Open Government Data Gemeinschaft im Internet an die Bunderegierung gestellt (vgl. Sitte u. a., 2013: 1ff.).

GovData

Über Govdata

„Govdata – Das Datenportal für Deutschland" ist eine Open Data Plattform für Verwaltungsdaten aus Bund, Ländern und Kommunen. Das Portal ist seit Februar 2013 im Testbetrieb online und wird vom Bundesministerium des Innern betreut. Ziel ist es, „Daten an einer Stelle auffindbar und so einfacher nutzbar zu machen" (BMI, 2013a). Der Aufbau des Portals wurde im Rahmen des Fünften Nationalen IT-Gipfel im Dezember 2010 in Dresden beschlossen. Vorausgegangen ist ihm eine groß angelegte Studie des Fraunhofer Fokus Instituts, das auch die technische Umsetzung übernahmen. Begleitet wird das Projekt dabei von einer Bund-Länder-übergreifend Arbeitsgruppe des IT-Planungsrats. Derzeit (Stand März 2013) beherbergt die Plattform 2382 Datensätze und 223 Dokumente (Berichte, Studien etc.). Ein Großteil der Datensätze stammt dabei allerdings aus dem Fundus bereits bestehender Open Data Portale auf Landesebene, etwa in Bremen oder Berlin. Es finden sich sowohl kostenfreie als auch kostenpflichtige Datensätze unter verschiedenen Lizenzen, die auch über eine Programmierschnittstelle (API) erreichbar sind. Für die Zukunft ist geplant „noch eine Vielzahl weiterer Datenbereitsteller zu gewinnen und damit den Nutzwert von GovData weiter zu erhöhen" (BMI, 2013b).

Zusätzliche wurde im Rahmen der Arbeit an dem Portal ein neuer Lizenz-Typ aus der Taufe gehoben, die Datenlizenz Deutschland. Es gibt zwei Varianten dieser Lizenz: Die „Datenlizenz Deutschland - Namensnennung" erlaubt eine offene Weiterverwendung der Daten, solange der Name des Urhebers genannt wird. Die „Datenlizenz Deutschland - Namensnennung - nicht kommerziell" folgt demselben Wortlaut mit dem Vermerk, dass die Nutzung der Daten ausschließlich zu nicht kommerziellen Zwecken erlaubt wird.

Kritik an Govdata

In einer gemeinsamen Erklärung, die noch kurz vor dem Start von Govdata erstellt wurde, sprechen sich eine Vielzahl von Akteuren aus der deutschen Open Data Gemeinschaft gegen das neue Portal aus. Darunter Vertreter von der Open Knowledge Foundation, Wikimedia, dem Chaos Computer Club, netzpolitik.org und dem Open Data Network. Größter Kritikpunkt ist dabei das neue Lizenzmodell, das als „Insellösung [...] über die Maßen die Verbreitung, Weiternutzung und Verschränkung der Daten" behindere und für „erhebliche Rechtsunsicherheit" (OKF DE, 2013) sorge. Gefordert wird die Verwendung eines international etablierten Lizenzmodells, um den Nutzern

Rechtssicherheit zu geben und eine Verwendung der Daten über Ländergrenzen hinweg zu ermöglichen. Auch die Möglichkeit für Behörden, ihre Daten nur für nicht-kommerzielle Zwecke zu veröffentlichen wird kritisiert (ebenda).

Fazit

Keine Untersuchung, kein Bericht und keine Studie zum Thema Open Government Data kann zurzeit einen Anspruch auf Vollständigkeit erheben. Das Thema ist einfach zu jung, als dass es sich heute auch nur ansatzweise abschließend betrachten ließe. Das wird insbesondere dann deutlich, wenn nach Studien oder Berichten zum Thema gesucht wird. Zwar gibt es zahlreiche Debatten und Meinungen, online wie offline, aber verwertbare Quellen sind rar. Selbst die führenden Parteien Deutschlands haben teilweise noch nicht einmal eine einheitliche Position zum Thema. Dieser Umstand verbietet es auch, einige spannende Fragen, die sich aus dem Thema Open Government Data und Politik ergeben, weiter zu untersuchen. Etwa: Welchen Einfluss hat Open Government Data auf das politische Geschehen? Oder: Wie verändert Open Government Data das Verhältnis von Bürger zu Regierung? Fragen dieser Art werden zukünftige Untersuchungen beantworten müssen.

Trotzdem lassen sich schon heute Trends erkennen und Entwicklungsrichtungen ablesen. So lässt sich feststellen, dass sich das Thema auf jeden Fall enorm schnell entwickelt. War Open Government Data im Jahr 2009, also vor vier Jahren, noch politisch unbedeutend, findet es sich schon heute in vielen Parteiprogrammen, -erklärungen, Positionspapieren sowie der tatsächlichen Tagespolitik wieder. Sicher wird es auch zur anstehenden Bundestagswahl in den Wahlkampf einfließen. Auch einige Ergebnisse können schon präsentiert werden: So entstanden in den letzten zwei Jahren mehrere Open Data Portale auf Länderebene und zum Beginn des Jahres 2013 ging das Portal des Bundes online. Zwar befinden sich die meisten dieser Portale noch in einer Test- oder Pilotphase, der Weg ist aber klar. Weiter wurde auf gesetzlicher Ebene in mehreren Bundesländern Open Government Data von einem freiwilligen Akt der Verwaltungen zu einer Verpflichtung umgeschrieben – ein wichtiger Schritt auf dem Weg zu offenen Daten.

Die Zukunft von Open Government Data in Deutschland wird sich vermutlich an zwei Fragen entscheiden. Erstens: ob es eine bundesweite gesetzliche Regelung dafür geben wird, dass Verwaltungen ihre Daten von sich aus und nicht nur auf Nachfrage veröffentlichen müssen. Dies würde zu einem schnellen Wachstum der Open Data Portale führen und sie für Nutzer wesentlich interessanter machen. Zweitens: ob sich die Datenportale, vor allem das Bundes-Portal Govdata den Prinzipen für offene Regierungsinformationen verschreiben werden, also keine hausgemachten Regelungen, Lizenzen und Vertriebskonzepte verfolgen. Wie diese Fragen für die nächsten Jahre beantwortet werden können, wird sich wohl nach der Bundestagswahl im September 2013 entscheiden.

Literaturverzeichnis

Barnickel/Klessmann (2012): Open Data - Am Beispiel von Informationen des öffentlichen Sektors, in: Herb, Ulrich (Hrsg.): Open Initiatives: Offenheit in der digitalen Welt und Wissenschaft. Saarbrücker Schriften zur Informationswissenschaft. Saarbrücken: Universitätsverlag des Saarlandes.

Bremen (2013): Bremer Informationsfreiheitsgesetz. Verkündunsstand 22.03.2013, http://bremen.beck.de/default.aspx?vpath=bibdata%252Fges%252FBrIFG%252Fcont%252FBrIFG%252Einh%252Ehtm (abgerufen am 14.03.2013)

BMI (2013a): GovData. Das Portal, https://www.govdata.de/hilfe (abgerufen am 22.03.2013)

BMI (2013b): GovData. Bibliothek. Fragen und Antworten. Rund um das Portal, https://www.govdata.de/faq (abgerufen am 22.03.2013)

BMI (2012): Open Government Data Deutschland. Eine Studie zu Open Government in Deutschand im Auftrag des Bundesministerium des Innern. Berlin: Bundesministerium des Innern.

BMI (2010): Regierungsprogramm. Vernetzte und transparente Verwaltung. Berlin: Bundesministerium des Innern.

BMWT (2010): Dresdner Vereinbarung. Fünfter Nationaler IT-Gipfel Dresden, http://www.it-gipfel.de/Dateien/BMWi/PDF/IT-Gipfel/it-gipfel-2010-dresdner-vereinbarung,property=pdf,bereich=itgipfel,sprache=de,rwb=true.pdf (abgerufen am 22.03.2013)

CDU Deutschland (2012): Beschluss. Starkes Deutschland. Chancen für Alle! 25 Parteitag der CDU Deutschland, http://www.cdu.de/doc/pdfc/121205-beschluss-starkes-deutschland-chancen-fuer-alle.pdf (abgerufen am 12.03.2013)

Die Grünen, Bündnis 90 Die Grünen Bundestagsfraktion (2012): Bessere Planung mit mehr Bürgerbeteiligung. Gutachten, http://www.gruene-bundestag.de/uploads/tx_ttproducts/datasheet/17-96-Reader-Buergerbetelllgung_web.pdf (abgerufen am 14.03.1988)

Die Linke, Bundesgeschäftsführung der Partei DIE LINKE (2012): Programm der Partei DIE LINKE, http://www.die-linke.de/fileadmin/download/dokumente/programm_der_partei_die_linke_erfurt2011.pdf (abgerufen am 15.03.2013)

Europäische Kommission (2011): Pressemitteilung. Digitale Agenda. Nutzung öffentlicher Daten als Goldmine, http://europa.eu/rapid/press-release_IP-11-1524_de.htm?locale=en#PR_metaPressRelease_bottom (abgerufen am 23.03.2013)

FDP (2013), Bürgerprogramm 2013. Entwurf Wahlprogramm zur Bundestagswahl, http://www.fdp.de/files/565/BuVo_130318_Entwurf_B_rgerprogramm_2013.pdf (abgerufen am 14.03.2013)

Koalitionsvertrag (2005): Gemeinsam für Deutschland – mit Mut und Menschlichkeit . Koalitionsvertrag zwischen CDU, CSU und SPD , http://www.cdu.de/doc/pdf/05_11_11_Koalitionsvertrag.pdf (abgerufen 17.03.2013)

Lammert, Norbert(2005): Deutscher Bundestag. Stenografischer Bericht. Plenarprotokoll. 179. Sitzung, http://dipbt.bundestag.de/dip21/btp/15/15179.pdf (abgerufen am 12.03.2013)

Lucke, Jörn von; Geiger, Christian P. (2010): Open Government Data . Frei verfügbare Daten des öffentlichen Sektors . Gutachten für die Deutsche Telekom AG zur T-City Friedrichshafen . Friedrichshafen: Zeppelin-Universität.

OKF DE - Open Knowledge Foundation Deutschland (o.J.): Offener Haushalt. Einleitung, http://bund.offenerhaushalt.de/intro.html (abgerufen am 19.03.2013)

OKF DE – Open Knowledge Foundation Deutschland (2013): not-you-govdata.de. Gemeinsame Erklärung: Den Standard endlich auf Offen setzen, http://not-your-govdata.de (abgerufen am

23.03.2013)

Senat Hamburg (2012): Hamburgisches Gesetz- und Verordnungsblatt. Hamburgisches Transparenzgesetz, https://www.hamburg.de/contentblob/3625198/data/hmbgtg.pdf (abgerufen am 14.03.2013)

Sitte, Petra u. a. (2013): Kleine Anfrage der Abgeordneten Dr. Petra Sitte, Jan Korte, Agnes Alpers, Herbert Behrens, Dr. Rosemarie Hein, Halina Wawzyniak und der Fraktion DIE LINKE. Keine offenen Daten im neuen Portal govdata.de des Bundes . Drucksache 17/12362 . Berlin: Bundesanzeiger Verlagsgesellschaft.

Sunlight Foundation (2010): Ten Principles for opening up Government Information, http://sunlightfoundation.com/policy/documents/ten-open-data-principles/ (abgerufen am 15.03.2013)

SPD Deutschland (2011): Leitantrag. Freiheit, Gerechtigkeit und Solidarität in der digitalen Gesellschaft, http://www.spd.de/presse/Pressemitteilungen/21730/20111205_leitantrag_digitale_gesellschaft.html (abgerufen am 12.03.2013)

The World Bank (2005): World Bank Releases New Governance Indicators for 209 Countries, http://go.worldbank.org/BDM90MONU0 (abgerufen am 20.03.2013)